Aron Jährig

Traditionelle bilinguale Situationen

Regionen und Nachbarschaften am Beispiel der Ro

GRIN - Verlag für akademische Texte

Der GRIN Verlag mit Sitz in München hat sich seit der Gründung im Jahr 1998 auf die Veröffentlichung akademischer Texte spezialisiert.

Die Verlagswebseite www.grin.com ist für Studenten, Hochschullehrer und andere Akademiker die ideale Plattform, ihre Fachtexte, Studienarbeiten, Abschlussarbeiten oder Dissertationen einem breiten Publikum zu präsentieren.

Dokument Nr. V174605 aus dem GRIN Verlagsprogramm

Aron Jährig

Traditionelle bilinguale Situationen

Regionen und Nachbarschaften am Beispiel der Roma und Ungarndeutschen

GRIN Verlag

Bibliografische Information der Deutschen Nationalbibliothek: Die Deutsche Bibliothek verzeichnet diese Publikation in der Deutschen Nationalbibliografie; detaillierte bibliografische Daten sind im Internet über http://dnb.d-nb.de/ abrufbar.

1. Auflage 2009
Copyright © 2009 GRIN Verlag
http://www.grin.com/
Druck und Bindung: Books on Demand GmbH, Norderstedt Germany
ISBN 978-3-640-95307-3

Traditionelle bilinguale Situationen: Regionen und Nachbarschaften am Beispiel der Roma und Ungarndeutschen

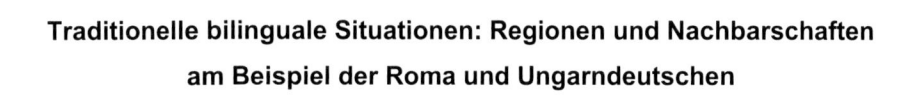

Aron Jährig

Inhaltsverzeichnis   Seite:

1.) Einleitung	2
2.) Einordnung in den Seminarkontext	3
3.) Spezifische Sprachenkontaktsituationen:	
3.1) Rätoromanische Sprecher in Graubünden	4
3.2) Ungarndeutsche in Hajosch	5
3.3) Hajosch - eine klassische Sprachinsel?	6
4.) Muttersprache - ein Definitionsversuch	7
5.) Vorgänge und Mechanismen der Sprachenmischung:	
5.1) Sprachgebrauchsstrukturen	8
5.2) Phänomenfeld der Transferenzen	9
5.2.1) Lexik und Semantik	9
5.2.2) Morphosyntaktische Phänomene	10
5.2.2.1) Vokalharmonie	11
5.2.3) Hybridisierung	12
5.2.4) Pragmatik	12
5.2.5) Code - Switching	13
6.) Schlussbetrachtung	15
Literaturverzeichnis	17

1.) Einleitung

„Lediglich das Faktum des Kontaktes selbst kann als Konstante betrachtet werden, während sämtliche Rahmenbedingungen *bilingualer Kontaktsituationen* [Anmerk. von mir] als Variablen fungieren" (Földes 2002, 363). Dieses Zitat verdeutlicht die Komplexität des großen Themas „Sprachkontakt", die vor allem in der Vielschichtigkeit und Variantenvielfalt von spezifischen Sprachenkontaktsituationen begründet ist. Vor dem Hintergrund der im Seminar erarbeiteten Einsicht in die wesentlichen Aspekte des „Sprachkontakts" erscheint obige Aussage in einem etwas anderen Licht. In der vorliegenden Hausarbeit möchte ich mich daher sowohl mit dem Spektrum der Variablen und spezifischen Rahmenbedingungen beschäftigen als auch anhand von einigen Beispielen die Erscheinungsformen von Kontaktphänomen beleuchten. Als Grundlage meiner Referatsausarbeitung dienen neben weiterer Literatur vor allem die Ausführungen *Kontaktsprache Deutsch* (Csaba Földes 2002) und *Überwindung der Sprachgrenzen – zurück zur Realität* (Clau Solèr 1999). Anhand der dort geschilderten Sprachenkontaktsituationen in Ungarn und in der Schweiz soll erläutert werden, was die Merkmale und Strukturen fokussierter Situationen sind. Ich werde daher nur bei besonders textnahen Anlehnungen an diese Aufsätze verweisen, da das Gros des Niedergeschriebenen auf der Textkenntnis der o.a. Autoren beruht. Zu Beginn möchte ich den politischen und gesellschaftlichen Kontext eingehender beleuchten und dadurch auf die Merkmale von Sprachinseln zu sprechen kommen. Anschließend sollen die phänomenologischen Betrachtungen der Kontaktlinguisten im Einzelnen gezeigt werden, um die Komplexität und Vielfalt und auch eventuelle Grenzen des Sprachenkontakts zu erläutern.

2.) Einordnung in den Seminarkontext

Ziel des Seminars war es, die Teilnehmer mit dem komplexen Thema *Sprachkontakt* bekannt zu machen und die wichtigsten Aspekte ein wenig näher zu beleuchten; als da wären Mehrsprachigkeit, die politische Dimensionen, bilinguale Situationen, sprachlich diffusen Situationen und die Aspekte der Identität und Kultur.

Aufbauend auf die Erläuterungen zu den politischen Einflüssen stellte das Referat *Traditionelle bilinguale Situationen: Regionen und Nachbarschaften* eine Konkretisierung und exemplarische Momentaufnahme und zugleich eine Weiterführung in die Arbeit der Kontaktlinguisten dar. Der Ursache für die Entstehung von Sprachkontaktsituationen liegen eigentlich immer politische und gesellschaftliche Veränderungen zugrunde, seien es Grenzverschiebungen (z.B. Elsass Lothringen), politisch instruierte Auswanderungen wie am Beispiel Hajosch oder durch Jahrhunderte lang natürlich gewachsene Volksnachbarschaften wie in Graubünden. Besonders an Hajosch war und ist zu sehen, welch vielfältige kulturelle und sprachliche Verflechtungen entstehen und wie komplex das ganze Faktorenbündel an Einflüssen ist. In Anlehnung an diese Ausführungen konnten dann weiterführende Fragen geklärt werden: „Wie im Detail funktioniert eigentlich das Sprachen in mehreren Sprachen?" und „Was genau geht in sprachlich diffusen Situationen vor sich?" und wie Identität und Sprache miteinander konvergieren.

3.) Spezifische Sprachenkontaktsituationen

3.1) Rätoromanische Sprecher in Graubünden

Die Schweiz ist ein bekanntes Beispiel eines mehrsprachigen Staates, der sich innerhalb seiner Landesgrenzen aus den unterschiedlichsten „einsprachigen" Regionen zusammen setzt. Die bestehenden regionalen Sprachgrenzen sind auf verschiedene Faktoren zurückzuführen (geografisches Gefüge, kantonale (sprich: politische u. gesellschaftliche) Gegebenheiten etc.), wie im folgenden am Beispiel des dreisprachigen Kantons Graubünden zu sehen sein wird:

Graubünden ist neben drei 2-sprachigen Kantonen der einzige dreisprachige Kanton der Schweiz. Mit 27.000 Romani lebt hier fast die Hälfte der rätoromanisch sprechenden Bevölkerung. Die übrigen Kantonbewohner sprechen Deutsch und Italienisch. Das Nebeneinander der drei Sprachen ist grundsätzlich durch die Bundesverfassung gesichert; weitere Gesetze und Verfügungen sorgen für eine gewisse Sprachordnung im Alltag. Seit 1999 gilt nach Artikel 70, Abs.1 der Schweizer Bundesverfassung: „Im Verkehr mit Personen rätoromanischer Sprache ist auch das *Rätoromanische Amtssprache* [Hervorhebung von mir] des Bundes". In Absatz 5 des selben Artikels sichert der Staat seine Unterstützung bei Maßnahmen „zur Erhaltung und Förderung der rätoromanischen [...] Sprache" zu (Bundesverfassung der Schweizerischen Eidgenossenschaft 1999). In wie weit Letzteres in der Realität umgesetzt wird (oder umgesetzt werden soll), ist natürlich eine andere Frage. Es finden zum Teil einige Bemühungen statt,

Das Rätoromanisch besteht aus geschätzten 10% Germanismen (mit steigender Tendenz), die durch den Sprachkontakt mit den Alemannen seit dem frühen Mittelalter entstanden sind: „Mit der karolingischen Reichsreform im 8. Jhd. setzte in Graubünden ein Germanisierungsprozeß ein, der bis heute nicht abgeschlossen ist" (Willi 1990, 448). Gegen Ende des 19.Jahrhunderts keimten dann nationalsprachliche Tendenzen auf, die eine vermehrte Eigenständigkeit des Romanischen postulierten. Letzteres sollte durch eine radikale Form des Purismus umgesetzt werden, bei dem alle fremdsprachlichen Elemente beseitigt und durch Neologismen ersetzt werden sollten. In dieser Epoche galt jedwede Form von Bilingualismus als Verrat. Der erwartete Erfolg blieb dennoch aus, so dass sich das Schweizerdeutsch immer mehr durchsetzte und sich viele Romani vermehrt dafür öffneten. Heute sind es nur noch wenige Täler und Landstriche (Surselva, Lumnezia, Unterengadin, Münstertal und Samnaun), die aufgrund ihrer geografisch geschützten Lage von dem permanenten Druck der Verdeutschung verschont geblieben sind. Nach Willi/Solèr gibt es folgende fünf regional gebundenen rätoromanischen Idiome (Lokalsprachen): Sursilvan (56%), Sutsilvan (4%), Surmiran (10%), Putèr (12%) und Vallader (18%). Alle fünf Idiome werden schriftlich kodiert. Seit 1982 wurde dafür eine einheitliche Schriftsprache, das Rumantsch Grischun, eingeführt, um dadurch die Kommunikation in allen öffentlichen Bereichen zu gewährleisten (Willi 1990, 447/8). Die Diglossie ist dadurch gekennzeichnet, dass das Rätoromanische vor allem in der familiären Domäne, im dörflichen Rahmen und in den traditionellen Berufen vorherrscht und somit als Low- Varietät fungiert, während das Standarddeutsch überall in Graubünden als High-Varietät gebräuchlich ist, und Letzteres gilt sowohl für Schweizerdeutsche als auch für die Romani. Allerdings findet das Standarddeutsch fast ausschließlichen Gebrauch in Schule, Verwaltung und Medien. Ansonsten ist der schweizerdeutsche Dialekt „in aller Munde".

3.2) Ungarndeutsche in Hajosch

Das zweite Beispiel für eine konkrete Sprachenkontaktsituation kommt aus Ungarn, genauer gesagt aus Hajosch, einem kleinen Ort mit 3500 Einwohnern ca. 100 km südlich von Budapest gelegen. Nach den Türken- und Befeiungskriegen gegen Ende des 17.Jhdt.'s lag Ungarn zu weiten Teilen brach. Unter der Herrschaft der Habsburger kam es bis 1750 zu einer großen Siedlungswelle, bei der vor allem deutsche Ansiedler aus dem Gebiet der Donauschwaben und der Schwäbischen Alb geworben wurden. Seither leben die Ungarndeutschen in stetigem Sprachenkontakt zu den umliegend lebenden Ungarn und anderen Umgebungssprachen bzw.- Varietäten, wobei der Druck von Seiten der stets zunehmenden ungarischen Bevölkerung besonders auch nach dem Zweiten Weltkrieg aufs Stärkste anwuchs. Heute existiert daher nur noch ein Bruchteil der ehemaligen Einwohnerzahl (Ungarndeutsches Portal). Man sieht daran, dass die gesellschaftspolitischen Rahmenbedingungen die primären und hauptsächlichen Ursachen für die überaus bewegte Sprachenkontaktsituation in Hajosch darstellen. Daher ist es wenig verwunderlich, dass sich die derzeit in Hajosch angetroffene „deutsche Kontaktvarietät" wesentlich sowohl vom Standarddeutsch als auch vom Donauschwäbischen Dialekt unterscheidet. Földes verwendet den Begriff des Mikrokosmos, um die Situation in einem Wort prägnant zu definieren. Mikrokosmos bezeichnet hierbei sowohl die Vielfalt an Elementen, Strukturen, Modellen und Gesetzmäßigkeiten als auch die Komplexität jedes einzelnen an sich. Auch das relativ breite Varietätenkontinuum kann unter den Begriff gefasst werden: neben der als bilinguale

Dialekt- Standard- Diglossie zu bezeichnenden Sprachensituation spielen folgende Varietäten eine nicht unerhebliche Rolle: der ungarndt. Ortsdialekt, das ungarisch Standard, deutsch gefärbtes Ungarisch, der deutsche Standard, die deutschen Mundarten der Umgebung und noch weitere regionale Varietäten des Kroatisch und Slowakisch. Der ungarndt. Ortsdialekt (mit der Basis auf Schwäbisch) spielt nur noch in der Familiendomäne eine übergeordnete Rolle und stellt die L- Varietät dar. In allen anderen Domänen dominiert das Standard- Ungarisch als H- Varietät.

3.3) Hajosch - Beispiel einer klassische Sprachinsel?

Da es sich im Falle des Ortes Hajosch um eine Jahrhunderte alte Sprach- und Kulturgemeinschaft im Sinne einer Sprachinsel handelt, möchte ich kurz die vorhandenen Definitionsansätze ansprechen, die sich in der Sprachwissenschaft etabliert haben, bevor ich auf einige wesentliche Merkmale zu sprechen komme.

Eine einfache Definition für den Begriff der Sprachinsel lieferte Peter Wiesinger: „Unter Sprachinseln versteht man punktuell oder areal auftretende, relativ kleine geschlossene Sprach- und Siedlungsgemeinschaften in einem anderssprachigen, relativ größeren Gebiete." (1983, 901). Bei näherer Betrachtung fällt jedoch auf, dass sich diese Definition nur auf den sprachlichen und geografischen Horizont bezieht. Das wäre angesichts der tatsächlich vorgefundenen Sprachinselsituationen jedoch eine nur zu einseitige und undifferenzierte Formulierung. Ich führe deshalb eine erweiterte Definition von Klaus Mattheier an, die zusätzlich sowohl den soziolinguistischen Aspekt als auch den der Assimilation mit einbezieht: „Eine Sprachinsel ist eine durch verhinderte oder verzögerte sprachkulturelle Assimilation entstandene Sprachgemeinschaft, die – als Sprachminderheit von ihrem Hauptgebiet getrennt – durch eine sprachlich/ethnisch differente Mehrheitsgesellschaft umschlossen und/oder überdacht wird, und die sich von der Kontaktgesellschaft durch eine die Sonderheit motivierende soziopsychische Disposition abgrenzt bzw. von ihr ausgegrenzt wird." (1994, 334). Einige erwähnte Aspekte sollen nun im Folgenden konkretisiert werden.

Eine Sprachinsel ist dadurch gekennzeichnet, dass die Sprecher, wie unter 3.2 bereits angeführt, bilingual sind. Ein weiteres Charakteristikum ist der hohe Grad an Differenzierung innerhalb des individuellen Sprachbewusstseins, was in direktem Zusammenhang mit dem Sprachverhalten dieser örtlich stark eingegrenzten Sprechergemeinschaft steht. Gründe für diese hohe Differenzierung liegen neben dem

Alter (und somit der Generationenangehörigkeit) in der sozialen Stellung und der damit verbundenen unterschiedlichen sprachlichen Sozialisation. Die Menschen der älteren Generationen besitzen eine noch deutlich bessere Kompetenz in der Minderheitenvarietät (Schwäbisch) als die jüngere Generation, die progressiv dem Druck von Modernisierung und Globalisierung ausgesetzt sind und dadurch ein größeres Potenzial in der immer dominanter werdenden Standardsprache des Ungarischen besitzen. Hinzu kommt, dass sowohl innerhalb einer Generation als auch zwischen den Generationen stetige Veränderungen des Sprach- und Kontaktprofils stattfinden, weil der Sprachkontakt ein dynamischer Prozess ist; denn auch die Standardsprache ist in den letzten Jahrzehnten mehr denn je den kulturellen, politischen und technischen Veränderungen unterworfen (Knipf- Komlósi 2003, 216/7). Hieraus wird ersichtlich, dass die exogenen Einflüsse temporär inkonstanter und qualitativ intensiver sind als in einem geschlossenen Sprachraum (Knipf- Komlósi 2003, 222). Zudem ist das Prestige der Standardsprache heute ein deutlich höheres als früher; der Nutzwert ist gestiegen, da heute immer mehr eine Lebensexistenz (im materiellen Sinne) von der Sprachkompetenz der Standardsprache abhängt (Wer möchte heute noch den Hof seiner Eltern übernehmen, auf dem man mit dem „alten" Dialekt auskommen kann?). Die Folgen einer solchen Entwicklung lassen nicht lange auf sich warten: Knipf- Komlósi beschreibt in ihren Ausführungen, dass einige Sprachinseln der Ungarndeutschen „sich in einem Stadium der Auflösung ihrer ethnischen und sprachlichen Zusammengehörigkeit" (Knipf- Komlósi 2003, 217) befänden. Das führt letzten Endes dazu, dass der so passende und metaphorisch prägnante Begriff der Sprachinsel kaum mehr auf die räumliche Sprachensituation anzuwenden ist. Es ist zu überprüfen, ob man im konkreten Fall von Hajosch überhaupt noch von einer Sprachinsel im Sinne der Definition(en) reden kann?!

4.) **Muttersprache - ein Definitionsversuch**

Als eine Art Einschub möchte ich an dieser Stelle auf den all zu oft verwendeten Begriff *Muttersprache* eingehen, um die Problematik der Begriffsanwendung im speziellen Kontext von bilingualen Situationen zu erläutern. Wenn man den Begriff Muttersprache hört, assoziiert man wohl als erstes, dass es sich dabei um diejenige Sprache handeln muss, die man als kleiner Erdenbürger direkt von seiner Hauptbezugsperson, meistens eben der Mutter, vorgelebt und beigebracht bekommt. Ein wenig komplizierter wird die

Begriffsfüllung erst im Rahmen der Sprachenkontaktforschung. Földes (2002, 350) betont das Fehlen eines „Konsens über die Definition von Sprachnormen", so dass auch der Terminus Muttersprache im Kontext bilingualer Situationen einer genaueren Klärung bedarf. In Bezug auf den Begriff der Primärsprache (L1) ist zu sagen, dass die Primärsprache nicht unbedingt mit der Muttersprache übereinstimmen muss, denn wenn ein Kind zweisprachig aufwächst, dann handelt es sich dabei zunächst um zwei Primärsprachen. Nach Földes bleibt zu klären, was denn in dieser Situation die Muttersprache des Kindes ist? Welche der beiden L1- Sprachen ist denn jetzt die Muttersprache? Oder sind sie es beide? Letzteres bleibt jedoch außer Frage, da das Wort Muttersprache die Beschränkung auf eine Sprache impliziert. Oder beruht die Beantwortung der Frage letztlich auf der persönlichen Einschätzung dieses Kindes (Franceschini 2001). Ist es die L1, mit der sich das Kind am meisten identifiziert, in der es sich am „wohlsten" fühlt? Es ist auf jeden Fall zu erkennen, das der Begriff „Muttersprache" ähnlich problematisch wie der der „Ethnie" ist. Sie umfassen mehrere verschiedene Dimensionen und Vorstellungen. Zudem fließen subjektive und emotionale Aspekte mit ein, die letzten Endes über die situativen Konnotation entscheiden. Es bleibt daher fraglich, ob sich solche „schwammigen" Begriffe überhaupt für den sprachwissenschaftlichen Gebrauch eignen und nicht oft mehr Verwirrung als Klärung bringen. Nach Földes sei dieser Terminus für eine Verwendung im Kontext der Zwei- bzw. Mehrsprachigkeit einfach nicht geeignet, zumal der Terminus *Muttersprache* für die Kontaktlinguistik völlig unbrauchbar wäre, weil seine Bedeutung zu unscharf und konnotativ belastet sei; er könne höchstens auf monolinguale Sprachräume angewandt werden (Földes, Csaba 2006, 22).

5.) **Vorgänge und Mechanismen der Sprachenmischung**

5.1) **Sprachgebrauchsstrukturen**

Ein wesentlichen Mechanismus, der zu einer Veränderung innerhalb der sprachlichen Strukturen von Sprache führt, liegt innerhalb der Sprachgebrauchsstrukturen (Mattheier 1980, 160). Dies gilt nach Földes (2002, 348) sogar in verstärktem Maße unter Mehrsprachigkeitsbedingungen und Inter- bzw. Transkulturalität. Zum einen entwickeln sich spezifische kommunikative Muster durch den andauernden und tiefgreifenden Sprachkontakt zur umliegenden Bevölkerung. Ein Prozess, der über die Bandbreite aller am Kontakt beteiligten Domänen stattfindet. Zum anderen kommt jeder spezifischen Kontaktsituation eine besondere Rolle zu, da es sich z.b. bei Hajosch um eine Sprachinsel handelt. Dadurch ist der soziokulturelle Referenzrahmen von Grund auf anders als in einem zusammenhängendem Sprachraum. Als Produkt der genannten Einflussfaktoren ergeben sich mit der Zeit Kontaktphänomene, jene neuen Elemente in Sprachstrukturen und -mustern, die das Ungarndeutsch von der Donauschwäbischen Varietät innerhalb des deutschen Referenzrahmens unterscheidet. Eine Sprachenkontaktsituation bringt aber nicht nur Veränderungen zustande, sondern birgt vielmehr auch das Potenzial für gänzlich neue Möglichkeiten (im Sinne von vielleicht neuen Strukturen etc.). Welche Vorgänge und Mechanismen im Einzelnen stattfinden und ob eventuell neue Strukturen entstanden sind (oder im Begriff sind, zu entstehen), soll nun auf den folgenden Seiten näher beleuchtet werden.

5.2) Phänomenfeld der Transferenzen

5.2.1) Lexik und Semantik

Sowohl im Ungarndeutsch als auch im Romani gibt es eine große Zahl an lexikalisch-semantischen Transferenzen. Das sind z.B. Entlehnungen auf lexikalischer, semantischer und syntaktischer Basis. Lexikalisch- semantische Transferenzen bilden die größte Gruppe aller Transferenzerscheinungen und sind „sozusagen vom Schreibtisch aus" (Földes 2005, 105) zu untersuchen.

Solèr beschreibt in seinen Studien auch quantitative Häufigkeiten bei bestimmten Wortarten. So sind z.B. viele Adverbien mit Konjunktionsfunktion (aber, schon, bald, gerade...) aus dem Deutschen ins Romani transferiert worden. In dem meisten Fällen findet eine grafische und phonologische Anpassung der entlehnten Begriffe statt, wie an folgenden Beispielen ersichtlich wird:

Nomen: *Cletg* (Glück)   Der Anlaut wurde verhärtet ([g] → [k]), der Vokal entrundet ([ü] → [e]) und die Auslautaffrikaten *ck* auf den velaren Plosiv *g* reduziert. Es findet eine phonetische und morphologische Anpassung statt.

Verben: *angurtar* (angurten) An den deutschen Verbstamm wurde einfach die romanische Endung der 1. Konjugation angefügt (Suffixänderung).

Hier ist nur der gebräuchlichste und „einfachste" Prozess der Verbneubildung dargestellt, wie er heute von der Mehrheit der Romani genutzt wird.

Adverbien: *aber, grad etc.* Wenige bis keine Veränderungen in der Orthografie, dafür aber z.T. semantische Verschiebungen (*grad* → genau, pünktlich).

Ein unbekannt großer Anteil an Worten ist im Laufe der Jahrzehnte so stark modifiziert worden, dass sie nicht mal mehr als Entlehnungen erkannt werden können. Ein interessantes Beispiel ist der Gebrauch von subordinierenden Konjunktionen: zum einen existiert die schwäbische Form *entwedr – odr*; alternativ die ungarische Entsprechung *vagy – vagy*. Belegt sind die daraus entstandenen Kombinationen *vagy – odr, odr – vagy* und *odr – odr* (Földes 2005, 177). Generell ist zu beobachten, dass die Transferenzen gerade bei Konjunktionen „hoch im Kurs" stehen. So werden vermehrt die ungarischen Formen für *dass* (= **hogy**) oder sandr (sondern) (= **hanem**) verwendet. Földes begründet diese hohe Transferenzfrequenz damit, dass die Verwendungen von logischen Relationen nicht so sehr an die Realisierung in einer Einzelsprache fixiert sind wie es z.B. bei autosemantischen Wörtern der Fall wäre (Földes 2005, 176).

5.2.2) Morphosyntaktische Phänomene

Der Begriff Morphosyntax weist auf den engen Form- Funktions- Zusammenhang hin, der zwischen Morphologie und Syntax existiert. Eine Trennung von Wort- und Satzlehre ist unmöglich, wenn es darum geht, die Verwendungsmöglichkeiten bestimmter formaler Wortausprägungen zu bestimmen (Linke 2004, 53). Im Falle der Sprachenkontaktsituationen ist fest zu stellen, dass u.a. die mannigfachen lexikalischen Transferenzen auch eine Reihe an grammatischen Transferenzen nach sich ziehen. Folgende Beispiele sollen zur Verdeutlichung genügen:

(1) *Schits mir ans Kläsliba!* (Schütte es mir ins Gläslein!)

In diesem Satz sind die grammatischen Strukturen aus beiden Sprachen vereint; die raumbezogene Richtungsangabe erfolgt mit deutscher (*ans Kläsli-* = Präposition + Artikel + Nominalendung) sowie mit ungarischer (-**ba** = Illativsuffix) Entsprechung. Gleichzeitig liegt hier eine Dualität vor, weil dieselbe grammatische Relation doppelt vorkommt

(Földes 2002, 357/8). Im nächsten Beispiel wurde der deutsche Syntax auf einen ungarischen Satz angewendet:

(2) *Iou vez quegl betg.* (Ich sehe dies nicht.)

Die Verbalklammer in Kombination mit dem Negationspartikel *betg* lässt im ungarischen kein Objekt zu, im deutschen hingegen schon (Willi 1990, 461). Normalerweise müsste es daher *Iou vez betg quegl* heißen. Strukturen mit grammatischen Beziehungen und Funtkionen aus beiden Sprachen zeigt auch folgender Satz:

(3) *Jetz gaud ja scha al uf Baja.* (Jetzt gehen sie ja alle auf [= nach] Baja.)

Hier wird mittels der deutschen Präposition *uf* (auf) die Sublativus- Relation des Ungarischen ausgedrückt (Földes 2005, 179).

5.2.2.1) Vokalharmonie

Die Vokalharmonie bildet eine phonetische Besonderheit, die u.a. bei den finno-ugrischen Sprachen vorkommt. Es handelt sich hierbei um den Vorgang der Angleichung, der Assimilation der in einem Wort befindlichen Vokale. Dies bedeutet z.B., dass bei der Flexion von Verben die Suffixalternation durch den Stammvokal bestimmt wird. Im Ungarischen wird unterschieden in helle (Stammvokal e), dunkle (u/ua) und gemischte Wörter (ä). Ein Beispiel für die Konjugation bei Nomen ist das Kasussuffix *-ban/-ben*:

kertben (= im Garten), aber *házban* (= im Haus) (Ungarisch 2005)

Im Zusammenhang mit den morphosyntaktischen Kontaktphänomenen ist auffällig, dass die Vokalharmonie auch auf den ungarndeutschen Ortsdialekt transferiert wird :

(4) Tuars naj a Suppàba. (Tu es hinein in die Suppe!)

5.2.3) Hybridität

Bei der Hybridisierung auf Wortebene handelt es sich um kombinierte Wortbildungen, bei denen Morpheme aus mindestens zwei verschiedenen Sprachen zu einem neuen Wort zusammengesetzt werden. Ein prototypisches Beispiel stellen die ungarndeutschen Pronominaladverbien dar:

Dabei wird die ungarische Vorsilbe *akar-* (-egal) mit den deutschen Fragepronomina *wohin*, *wie* oder *was* kombiniert: *akarwohin, akarwie, akarwas*. Ein schwieriger Punkt für forschenden Linguisten ist u.a. die Deutung solch interessanter Sprachenmischungsphänomene. Warum geht dieser Prozess der Kompositabildung gerade so und nicht anders vor sich. Um einigermaßen valide Aussagen machen zu können, bedarf es der Kenntnis und Analyse der an dem Prozess beteiligten Sprachstrukturen in Bezug auf eventuelle typologische Ähnlichkeiten. Földes (2002, 359) legt in Anlehnung an o.a. Beispiel folgende Deutung nahe: Die ungarische Vorsilbe *akar-* kann als ein Grundmuster dienen, um dann mit jeweiliger deutscher Erweiterung ein Wort zu schaffen, dass äquivalent zu deutschen Fragesätzen fungiert. Somit kann auf einfache, ökonomische und transparente Weise die aufwändigere Fragesatzkonstruktion des Deutschen (W- Fragewort + auch immer + Nebensatz) umgangen werden. Földes führt das Phänomen also auf rein sprachökonomische Gründe zurück. Neben der Worthybriden gibt es natürlich auch Hybridität auf der Satzebene. Abwechselnd durch den ganzen Satz hindurch wurden deutsche und ungarische Worte benutzt:

(5) *Dr Polgármester hat kitiltanid deani Babapiskótaárus vam Piac*. (Der Bürgermeister hat verwiesen diesen Löffelbiskuit-Verkäufer vom Markt.) (Földes 2005, 108)

5.2.4) Pragmatik

Földes macht des Weiteren darauf aufmerksam, dass neben den vielerlei Transferenzen innerhalb der Systemebene auch die einzelnen pragmatischen Dimensionen nicht verschont geblieben sind. Ihr liegen auf Text und Diskursebene eine ganze Reihe an Transferenzen vor, wobei letzten Endes die gesamten Diskurstraditionen (Sprech-, Text – u. Schreibtraditionen) und sprachlich-kommunikativen Verhaltensweisen durch die kontinuierliche interethische Annäherung vermischt worden sind (Stehl 1994, 139). Die Ungarndeutschen haben mit der Zeit u.a. die alltäglichen Umgangsformen und Höflichkeitsstrategien der Ungarn übernommen, so dass sie mittlerweile „eine Mittelposition zwischen denen der binnendeutschen [...] und der ungarischen Kommunikationsgemeinschaft einnehmen" (Földes 2002, 360). Ein syntaktisch-pragmatisches Beispiel liefert der folgende Satz:

(6) *I han em Kohl Kanzler gschrieba...* (Ich habe dem Kanzler Kohl geschrieben...)

Der ungarische Usus, alle Titel, Ränge oder Amtsbezeichnungen etc. hinter den Familiennamen zu setzen, hat sich bei den Ungarndeutschen bereits fest etabliert (Földes 2005, 179).

Auch in Graubünden ist es heute so weit gekommen, dass „ die Romanischsprecher [.] in vielen Fällen und in bestimmten Domänen besser Deutsch als Romanisch können" (Willi/Solèr 459). Solèr stellt fest, dass die bilinguale Kompetenz der Graubündner Romani so gut sei, dass eine „thematisch begründete Sprachwahl mangels lexikalischer Kompetenz [...] im Romanischen nie belegt worden [ist]" (Solèr 1999, 298). Aufgrund dieser Ausgangssituation kommt der individuellen, situativen Sprachwahl auch keine allzu große ideologische Bedeutung zu. Die Romanischsprecher fühlen keine Barriere mehr zwischen Romanisch und Deutsch (Willi/Solèr 459). Ob ein Romani für eine Unterredung nun Schweizerdeutsch oder Romani als Gesprächsgrundlage nimmt, hängt einzig und allein von der jeweiligen Kompetenz seines Gegenübers ab. Bei zwei Personen mit annähernd der gleichen Sprachkompetenz kommen folglich auch beide Sprachen in Frage, da es nur um das Ziel einer gelingenden Verständigung geht. Eine sehr pragmatische Sprachverwendung! Das Feld der pragmatischen Transferenzen ist ein weites und so komplex, dass eine genauere und intensivere Forschung in einigen Bereichen von Nöten ist, um zum einen neue Phänomene ausfindig zu machen und zum anderen die tiefen Verflechtungen auf Text- und Diskursebene aufzudecken. Die Hauptgegenstände näherer Untersuchungen gehen über das linguistische Spektrum hinaus und beziehen sich auf psycho-, neuro- soziolinguistische und ethnologisch- kulturanthropologische Aspekte.

5.2.5) Code - Switching

Der linguistische Terminus Code - Switching bezeichnet den „Wechsel zwischen verschiedenen Sprachen [...] oder Varietäten eines Sprachsystems [...] bei bi/multilingualen bzw. bi/multidialektalen Sprechern innerhalb eines Gesprächs" (Bußmann 2008, 106).

Auf typologischer Ebene unterscheidet man zwischen inter- und intrasentientiellem Code-Switching, wobei für letzteres oft der Begriff Code- Mixing verwendet wird. Das Code-Mixing setzt eine besonders hohe bilinguale Sprachkompetenz voraus (Földes 2002, 360). Földes leitet dies aus ihren Gesprächsaufzeichnungen ab, aus denen hervor geht, dass die syntaktischen Regeln beider Sprachen insbesondere an den Schaltstellen konsequent eingehalten wurden:

(7) [...] *azon a pénzen bútort akartak venni, mer* a Kuchi praucht ma au [...] (...von dem Geld wollten sie Möbel kaufen, weil eine Küche braucht man auch...) (Földes 2002, 360).

Dieser Beispielsatz zeigt, dass nach der ungarischen Konjunktion *mer* [= weil] ein deutscher Nebensatz in normativer Satzgliedstellung folgt.

Innerhalb einer Konversation übernimmt intersententielles Code- Switching Funktionen als eine Form diskursiver Strategie stilistische und soziopragmatische (Bußmann 2008, 107). Der Sprecher kann durch gezieltes Code- Switching implizit mitteilen, ob er sich einer bestimmten Gruppe als zugehörig empfindet; ferner kann er emotionale Beteiligung oder sprachliche Elemente wie Ironie markieren.

6.) Schlussbetrachtung

Der Sprachforscher Müller wagte 1861 die Behauptung, dass „Sprachen in ihrem Vokabular zwar gemischt sein können, aber in ihrer Grammatik nie gemischt werden können" (1965, 79). Der derzeitige Forschungsstand der Sprachenkontaktforschung, der in dieser Hausarbeit kurz angerissen worden ist, lässt die Oberflächlichkeit und Absurdität dieses Ausspruchs ans Licht kommen; leider aber erst, nachdem er viele Jahrzehnte als sprachwissenschaftliches Banner hoch gehalten wurde. Wenn etwas durch die Arbeit der Kontaktlinguisten deutlich geworden ist, dann ist es das Gesamtphänomen, dass Sprachenmischung in allen nur möglichen Bereichen vonstatten geht und den Möglichkeiten für Transferenzen so gut wie keine Grenzen gesetzt sind. Das bedeutet jedoch nicht, dass es nicht auch Regularien gibt, die einer unbegrenzten Vielfalt im Wege stehen. Im Falle der Ungarndeutschen und der Romani treffen jeweils Sprachen aufeinander, die unterschiedliche typologische Ähnlichkeiten aufweisen. So ist das Ungarische eine Sprache, in der nicht flektiert wird. Dadurch ergeben sich Passungen, die z.B. im Romani (das als Zweig der indogermanischen Sprachen näher mit dem Deutschen verwandt ist) nicht möglich sind. Die typologische Ähnlichkeit (in Grammatik, Morphologie, Syntax und Lautung) ist auf jeden Fall ein regulierendes Element für die Effizienz von Sprachenmischung. Weitere Faktoren, die für bestimmte Phänomenbildungen herangezogen werden können sind Sprachökonomie, Einfachheit und Transparenz. Földes verweist immer wieder auf diese Aspekte, die gleichsam eine implizite Gesetzmäßigkeit darstellen, weil sie den kognitiven Prozessen (und den menschlichen Wesenszügen) entgegenkommen.

Die im Eröffnungszitat erwähnten, als Variablen fungierenden, Rahmenbedingungen sind die Ursache dafür, dass bezüglich bestimmter Mechanismen der Sprachenmischung nur allgemeine Tendenzen festgestellt werden können. Zu zahlreich und komplex sind die Variablen, die sich in jeder neu beschriebenen Sprachenkontaktsituationen ergeben. Deshalb kann auch immer nur von abhängigen Gesetzmäßigkeiten gesprochen werden. An der Phänomenbildung beteiligte und Einfluss nehmende exo- und endogene Faktoren variieren fallspezifisch sowohl qualitativ als auch quantitativ. Eine kaum überschaubare Komplexität, die in jeder Situation neu beurteilt werden muss. Doch auch in dieser Vielfalt lassen sich (vielleicht verallgemeinerbare) Prozesse beobachten. So führt Code- Switching z.B. längerfristig zu Transferenzen und dann zu Lehnwörtern oder anderen Phänomenen. Als Schlusssatz möchte ich eine kleine Änderung an Földes' Äußerung „Lediglich das

Faktum des Kontaktes selbst kann als Konstante betrachtet werden" vornehmen: *Fast* nur „das Faktum des Kontaktes selbst kann als Konstante betrachtet werden" (Földes 2002, 363).

Literaturverzeichnis

[Art.] Code- Switching. In: Lexikon der Sprachwissenschaft. Hrsg. von Hadumod Bußmann. Stuttgart: Kröner 2008. S. 106- 107.

Földes, Csaba 2002. Kontaktsprache Deutsch: Das Deutsche im Sprachen- und Kulturenkontakt. In: Ansichten der deutschen Sprache. Hrsg. von Haß-Zumkehr, Ulrike, Werner Kallmeyer, Gisela Zifonun 2002. Tübingen: Narr. S. 346- 370.

Földes, Csaba 2005. Kontaktdeutsch. Zur Theorie eines Varietätentyps unter transkulturellen Bedingungen von Mehrsprachigkeit. Tübingen: Narr.

Földes, Csaba 2006. Linguistik, Sprachgeographie, Sprachbundtheorie, Kontaktlinguistik, interkulturelleLinguistik. Zur Untersuchung transkultureller Kontakträume. In: Deutsch im Kontakt der Kulturen. Schlesien und andere Vergleichsregionen. Akten der V. Internationalen Konferenz des Germanistischen Instituts der Universität Opole. Hrsg. von Lasatowicz, Maria K., Andrea Rudolph, Norbert R. Wolf 2004. Berlin: Trafo Verlag 2006 (Silesia; 4). S. 15–31.

Knipf- Komlósi 2003. Neue Sicht – Neue Perspektiven. Ein Plädoyer für eine neue Sicht der Sprachinseln. In: Moderne Dialekte, neue Dialektologie. Akten des 1. Kongresses der Internationalen Gesellschaft für Dialektologie des Deutschen (IGDD). Hrsg. von Eckhard Eggers 2005. Stuttgart: Steiner (= Zeitschrift für Dialektologie und Linguistik: Beihefte; 130). S. 209- 229.

Linke, Angelika, Markus Nussbaumer, Paul. R. Portmann 2004. Studienbuch Linguistik. 5. erw. Auflage. Tübingen: Max Niemeyer (= Reihe Germanistische Linguistik).

Mattheier, Klaus J. 1994. Theorie der Sprachinsel. Voraussetzungen und Strukturierungen. In: Sprachinselforschung. Eine Gedenkschrift für Hugo Jedig. Hrsg von Mattheier, Klaus J., Nina Berend. Frankfurt a.M./Berlin/Bern/New York/Paris/Wien. S. 333–348.

Müller, Max (1965): Lectures on the Science of Language. Delivered at the Royal Institution of Great Britain in April, May & June, 1861. Fifth Reprint. Delhi: Munshi Ram Manohar Lal.

Solèr, Clau 1999. Überwindung der Sprachgrenzen – zurück zur Realität. In: Eurolinguistik. Ein Schritt in die Zukunft. Hrsg. von Reiter, Norbert 1999. Wiesbaden: Harrassowitz. S. 289- 302.

Stehl, Thomas 1994. Francais régional, italiano regionale, neue Dialekte des Standards. Minderheiten und ihre Identität im Zeitenwandel und im Sprachenwechsel. In: Mehrsprachigkeit in Europa- Hindernis oder Chance? Hrsg. von Helfrich, Uta, Claudia M. Riehl. Wilhelmsfeld: Egert. S. 127- 147.

Wiesinger, Peter 1983. Deutsche Dialektgebiete außerhalb des deutschen Sprachgebiets: Mittel-, Südost- und Osteuropa. In: Dialektologie. Ein Handbuch zur deutschen und allgemeinen Dialektforschung. Hrsg. von Besch, Werner, Ulrich Knoop, Wolfgang Putschke et. al.. Berlin/New York. (=Handbücher zur Sprach- und Kommunikationswissenschaft 1.2). S. 900–929.

Willi, Urs, Clau Solèr 1990. Der rätoromanisch-deutsche Sprachkontakt in Graubünden. In: Germanistische Linguistik. 1990. S. 445- 475.

Internet

Bundesverfassung der Schweizerischen Eidgenossenschaft vom 18. April 1999. [Online: http://www.admin.ch/ch/d/sr/101/index.html. 24.03.2009]

Das Portal der Ungarndeutschen. Geschichte der Donauschwaben. [Online: http://www.ungarndeutsche.de/de/cms/index.php?page=donauschwaben. 24.03.2009]

Franceschini, Rita: Mehrsprachigkeit. [Online: http://www.uni-saarland.de/fak4/bilingualFam/mehrsprachigkeit.htm. 24.03.2009]

Greisbach, Reinhold, Gabriella Kornberger 2005 (Institut für Phonetik) JWG-Universität Frankfurt am Main. Ungarisch. [Online: http://sprachen.sprachsignale.de/ungarisch/hnglautbeschreibung.html 24.03.2009]